Het prachtige Oude Egypte

KLEURBOEK

Kleur de meest verbazingwekkende ontwerpen van de wonderen van Egypte

Ancient World Editions

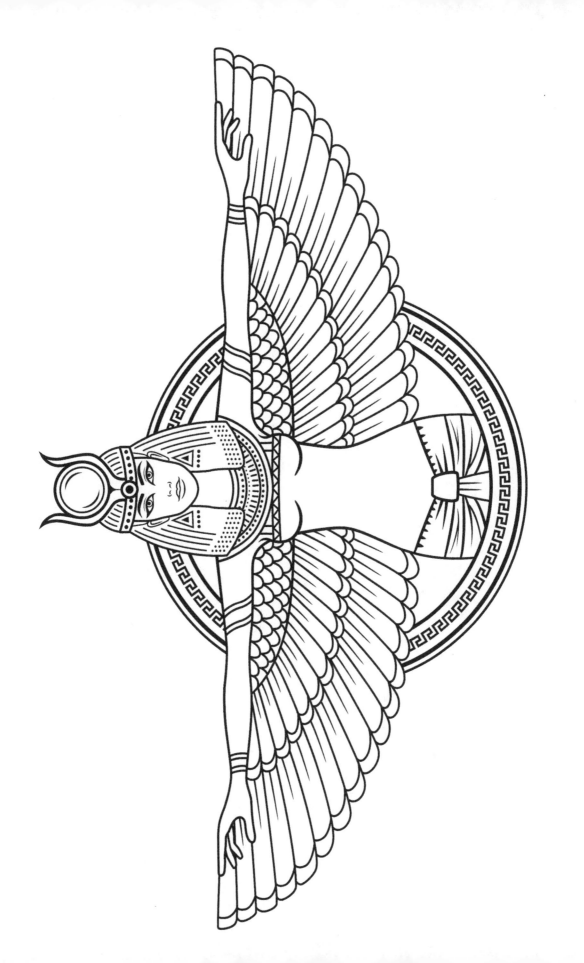

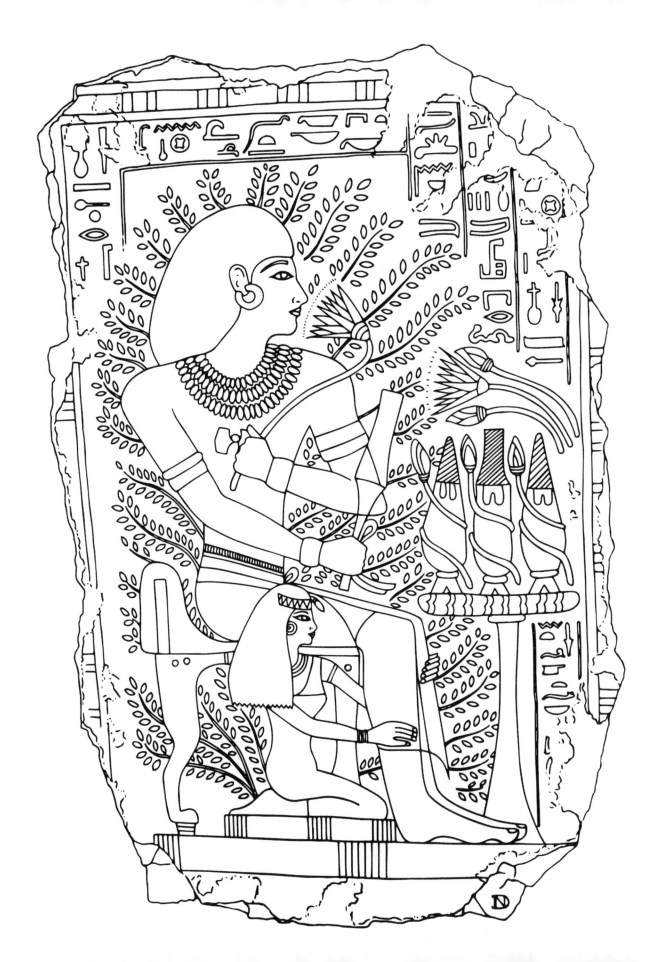

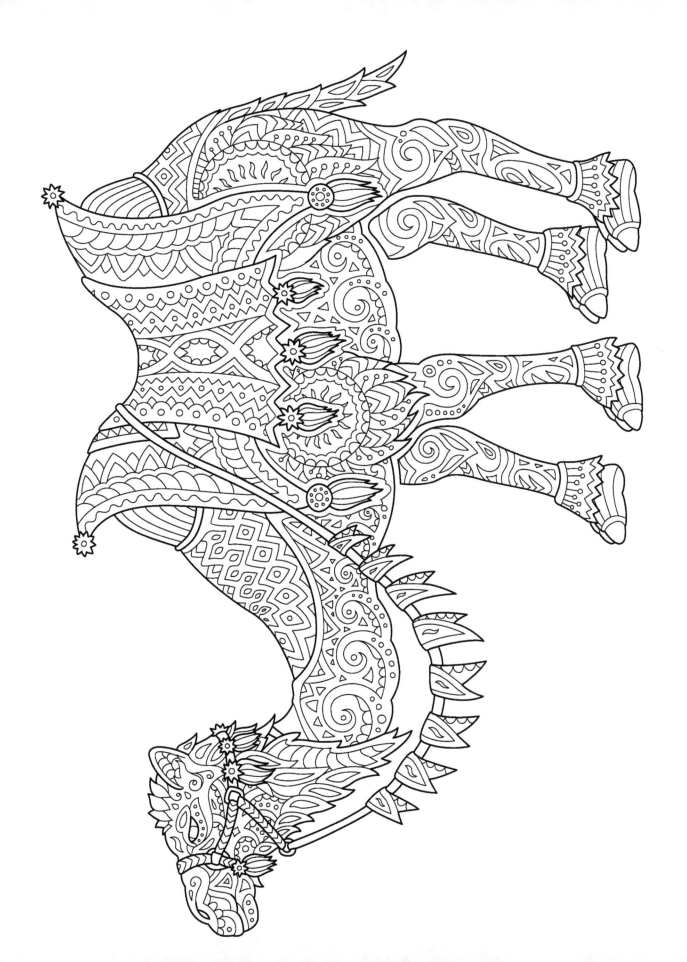

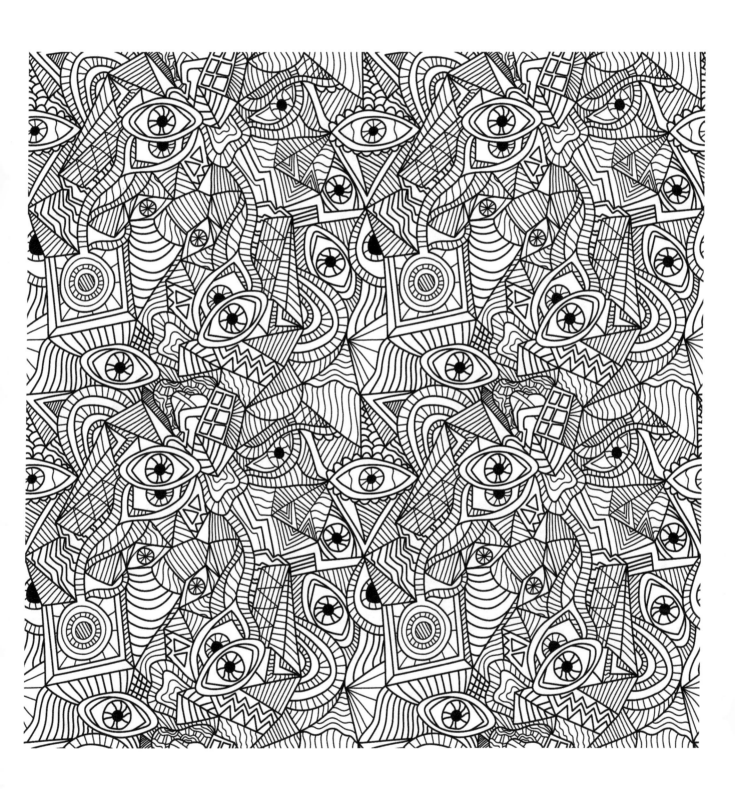

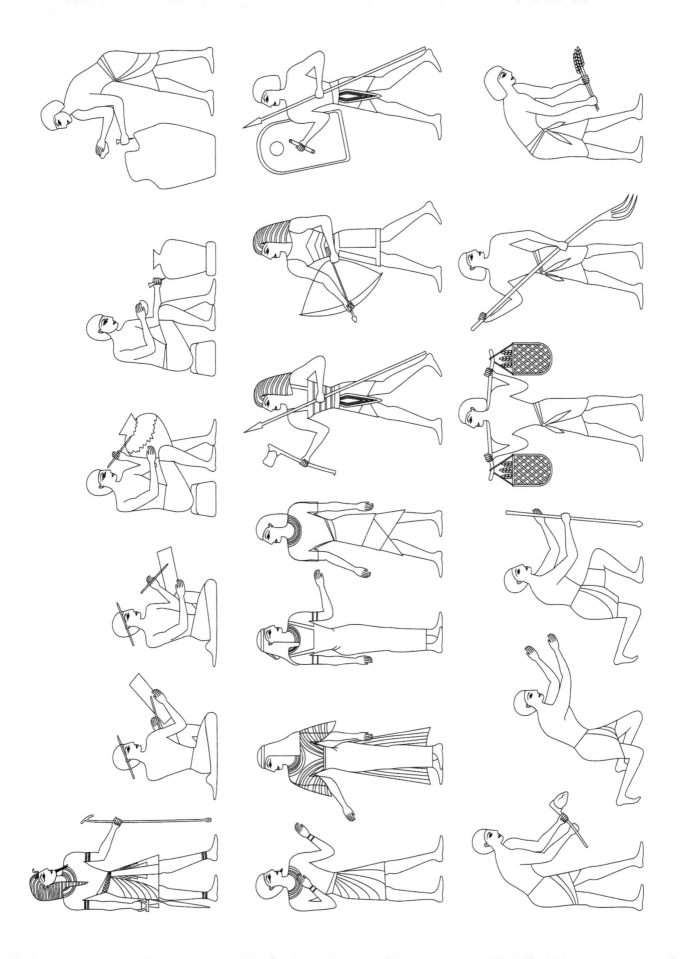

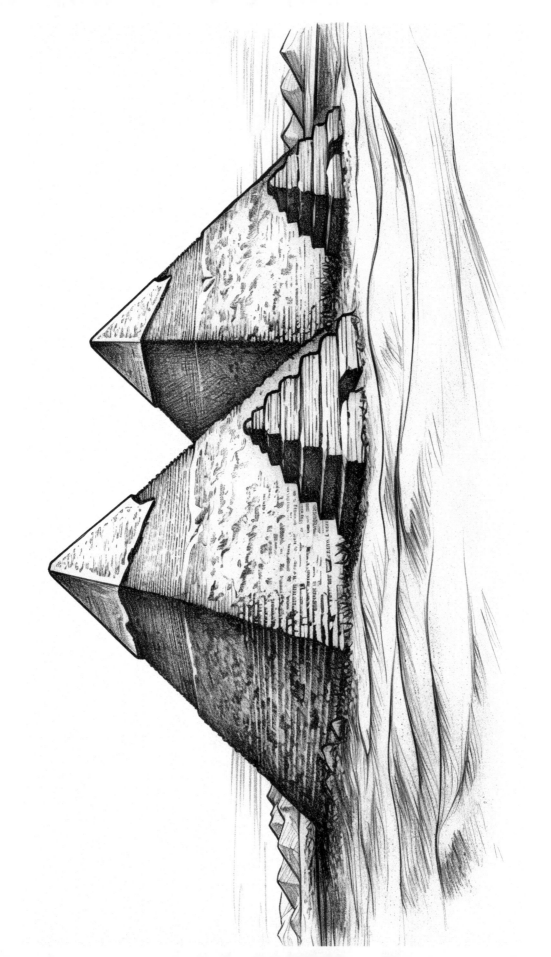

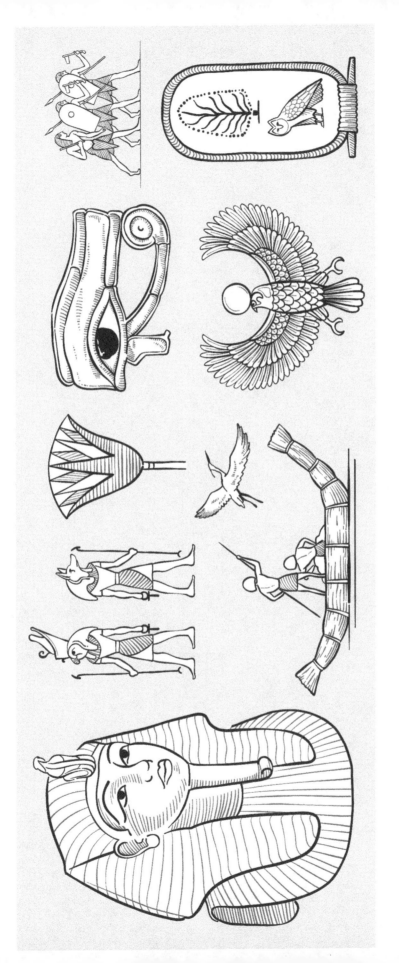

CPSIA information can be obtained
at www.ICGtesting.com
Printed in the USA
LVHW021403080623
749002LV00005B/72